Strum & Sing

Rock Around the Clock

50 Early Rock'n'Roll Hits
for Strum & Sing Guitar

T0087344

Cherry Lane Music Company
Director of Publications/Project Editor: Mark Phillips

ISBN 978-1-60378-993-6

Visit our website at www.cherrylaneprint.com

Contents

All Shook Up

Words and Music by
Otis Blackwell and Elvis Presley

A   D   E

Intro | **A** | | |

Verse 1

‖ **A** |
A-well-a, bless my soul, what's wrong with me?
| **A** |
I'm itching like a man on a fuzzy tree.
| **A** |
My friends say I'm acting wild as a bug.
| **A**   **N.C.** |
I'm in love!   I'm all shook up!
| **D** | **E** | **A** |
Ooh, ooh, yeah, yeah, yeah.

Verse 2

‖ **A** |
Well, my hands are shaky and my knees are weak;
| **A** | |
I can't seem to stand on my own two feet.
A |
Who do you thank when you have such luck?
| **A**   **N.C.** |
I'm in love!   I'm all shook up!
| **D** | **E** | **A** |
Ooh, ooh, yeah, yeah, yeah.

Bridge 1

||**D** |
Well, please don't ask me what's on my mind;

  |**A** |
I'm a little mixed up but I feel fine.

  |**D** |
When I'm near that girl that I love best,

 |**E**   **N.C.** |
My heart beats so it scares me to death!

Verse 3

||**A** |
When she touched   my hand what a chill I got;

 |**A** | |
Her lips are like a vol‑cano that's hot!

A |
I'm proud to say that she's my buttercup.

  |**A**   **N.C.** |
I'm in love!   I'm all shook up!

  |**D** |**E** |**A** |
Ooh, ooh, yeah, yeah, yeah.

Bridge 2

||**D** |
My tongue gets tied when I try to speak;

 |**A** |
My insides shake like a leaf on a tree.

  |**D** |
There's only one cure for this body of mine:

  |**E**   **N.C.** |
That's to have that girl that I love so fine!

Verse 4

```
   ‖A                                          |
She touched my hand and what a chill I got;
    |A                    |              |
Her lips are like a vol - cano that's hot!
A                              |
I'm proud to say that she's my   buttercup.
        |A    N.C.    |
I'm in love!     I'm all shook up!
     |D    |E    |A              |
Ooh,  ooh,  yeah,  yeah, yeah.
     |D    |E    |A          |              ‖
Ooh,  ooh,  yeah,  yeah. I'm all shook up!
```

All I Have to Do Is Dream

Words and Music by
Boudleaux Bryant

G	Em	C	D	Bm	Am	A7	D7

Intro

| G   Em |C   D |
Dream,   dream, dream, dream,

| G   Em |C   D
Dream,   dream, dream, dream.

Verse 1

‖G   Em |C   D
When I want you   in my arms,

|G   Em |C   D
When I want you   and all your charms,

|G   Em |C   D
When - ever I want you all I have to do

|G   Em |C   D
Is dream,   dream, dream, dream.

Verse 2

‖G   Em |C   D
When I feel blue   in the night,

|G   Em |C   D
And I need you   to hold me tight,

|G   Em |C   D
When - ever I want you all I have to do

|G   C |G   ‖
Is dream.

Bridge

C |Bm |
I can make you mine, taste your lips of wine

Am   D |G |
Anytime,   night or day.

C |Bm
Only trouble is,   gee whiz,

 |A7 |D7
I'm dreamin' my life a - way.

Verse 3

||G   Em |C   D
I need you so   that I could die;

 |G   Em |C   D
I love you so   and that is why

   |G   Em |C   D
When - ever I want you all I have to do

 |G   Em |C   D |G   C |G ||
Is dream,   dream, dream, dream, dream.

Repeat Bridge

Repeat Verse 3

At the Hop

Words and Music by
Arthur Singer, John Madara and David White

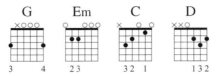

Intro

G | | | |

G | |Em | |
Ba ba ba ba ba ba ba ba,
C | |D | |G |
Ba ba ba ba ba ba ba ba, at the hop.

Verse 1

‖G
Well, you can rock it, you can roll it,
|G | |
Do the slop and even stroll it at the hop.
|C
When the records start a-spinnin',
|C |G |
You cha-lypso and you chicken at the hop.
|D
Do the dance sensations
|C |G | ‖
That are sweeping the nation at the hop.

Chorus 1

G | |
Let's go to the hop!

G | |
Let's go to the hop!   (Oh, baby.)

C | |
Let's go to the hop!   (Oh, baby.)

G | |
Let's go to the hop!

D |**C** |**G** |
Come on,   let's go to the hop!

Verse 2

‖**G**
Well, you can swing it, you can groove it,

|**G** | |
You can really start to move it at the hop,

|**C**
Where the jockey is the smoothest

|**C** |**G** |
And the music is the coolest at the hop.

|**D**
All the cats and the chicks

|**C** |**G** | ‖
Can get their kicks at the hop. *Let's go!*

Chorus 2

G | |
Let's go to the hop!

G | |
Let's go to the hop! (Oh, baby.)

C | |
Let's go to the hop! (Oh, baby.)

G | |
Let's go to the hop!

D |**C** |**G** | ‖
Come on, let's go to the hop!

Interlude   **G** | | | |**C** | |

G | |**D** |**C** |**G** |

Repeat Verse 1

Repeat Verse 2

Repeat Chorus 2

Outro

G | |**Em** | |
Ba ba ba ba ba ba ba ba,

C | |**D** | |**G** ‖
Ba ba ba ba ba ba ba ba, at the hop.

Be My Baby

Words and Music by
Phil Spector, Ellie Greenwich and Jeff Barry

G   Am   D   B7   E7   A7   D7   Em   C

Intro

G | ‖

Verse 1

G | |Am |D |
The night we met I knew I   needed you so,

G | |Am |D |
And if I had the chance, I'd   never let you go.

B7 | |E7 | |
So won't you say you love me?   I'll make you so proud of me.

A7 | |D7 |
We'll make 'em turn their heads every place we go.

Chorus 1

‖G |
So won't you please   (Be my, be my baby.)

|Em |
Be my little baby. (My one and only baby.)

|C |
Say you'll be my darling. (Be my, be my baby.)

|D | ‖
Be my baby now, oh ho ho ho.

Verse 2

G | | Am | D |
I'll make you happy, baby,   just wait and see.

G | | Am | D |
For every kiss you give me,   I'll give you three.

B7 | | E7 | |
Oh, since the day   I saw you   I have been waiting for you.

A7 | | D7 |
You know I will adore you till eternity.

Repeat Chorus 1

Interlude   G | | Am | D |

                 G | | Am | D

Chorus 2

           ‖ G |
So come on and be, (Be my, be my baby.)

           | Em |
Be my little baby. (My one and only baby.)

                | C |
Say you'll be my darling.   (Be my, be my baby.)

        | D | | N.C. | ‖
Be my baby now, oh ho ho ho.

Chorus 3

G |
   (Be my, be my baby.)

    |**Em** |
Be my little baby. (My one and only baby.)

    |**C** |
Oh oh oh.   (Be my, be my baby.)

   |**D** | |**G**   ‖
Oh oh,   oh ho ho ho.

Big Girls Don't Cry

Words and Music by
Bob Crewe and Bob Gaudio

G   D   C   E7   Am7   A7   D7

Intro

| G | D | C | | D | G | D | C | | D | |
Big girls don't cry, big girls don't cry.

| G | E7 | | Am7 | D | ||

Verse 1

| G | E7 | | Am7 |
Big girls

| D | | G | E7 | | Am7 | | D | |
Don't cry - yi - yi. (They don't cry.)

| G | E7 | | Am7 |
Big girls

| D | | G | E7 | | Am7 | | D | ||
Don't cry. (Who said they don't cry?)

Verse 2

| G | E7 | | Am7 |
My girl

| D | | | G | E7 | | Am7 | | D | |
Said good - bye - yi - yi. (My, oh my.)

| G | E7 | | Am7 |
My girl

| D | | G | C | | G |
Didn't cry. (I wonder why.)

Chorus 1

‖**E7** |
(Silly boy.) Told my girl we had to break up.

|**A7** |
(Silly boy.) Thought that she would call my bluff.

|**D7** | |
(Silly boy.) Then she said, to my surprise,

G   D |C   D   ‖
"Big girls don't cry."

Repeat Verse 1

Interlude   **G   E7 |Am7   D |G   E7 |Am7   D   ‖**

Verse 3

G   E7 |Am7
May - be

D |G   E7 |Am7   D |
I was cru - u - uel.   (I was cruel.)

G   E7 |Am7
Ba - by,

D |G   C |G
I'm a fool. (I'm such a fool.)

15

Chorus 2

```
  ‖E7                          |
(Silly girl.) Shame on you, your mama said.
    |A7                              |
(Silly girl.) Shame on you, you're crying in bed.
    |D7                       |           |
(Silly girl.) Shame on you, you told a lie.
G     D   |C   D     ‖
Big girls do cry.
```

Verse 4

```
G   E7  |Am7
Big girls
D   |G       E7  |Am7              D   |
Don't cry - yi - yi.   (They don't cry.)
G   E7  |Am7
Big girls
D   |G           E7      |Am7  D   ‖
Don't cry. (That's just an alibi.)
```

Repeat and fade

Outro

```
‖:G   D   |C     D  |G   D   |C     D  :‖
Big girls don't cry, big girls don't cry.
```

16

Blue Suede Shoes

Words and Music by
Carl Lee Perkins

A   D7   E7

Verse 1

‖**A** |
Well, it's one for the money,

A |
Two for the show,

A |
Three to get ready, now go, cat, go!

Chorus 1

‖**D7** |
But don't you

D7   **A** |
Step on my blue suede shoes.

    |**E7**
You can do anything

  |**E7**   **A** |
But lay off of my blue suede shoes.

Verse 2

        ‖**A** |

Well, you can knock me down,

A. |

Step in my face,

A |

Slander my name all over the place,

   |**A** |

And, do anything that you want to do,

   |**A** |

But uh-uh, honey, lay off of my shoes.

Chorus 2

      ‖**D7** |

And don't you

D7 |**A** |

Step on my blue suede shoes.

     |**E7**

You can do anything

    |**E7** |**A** | ‖

But lay off of my blue suede shoes.

Interlude   **A** | | | |**D7** | |

               A | |**E7** | |**A** |

Verse 3

    ‖ **A** |
You can burn my house,

A |
Steal my car,

A | |
Drink my liquor from my old fruit jar;

A |
Do anything that you want to do,

   | **A** |
But uh-uh, honey, lay off   of them shoes.

Repeat Chorus 2

Repeat Interlude

Repeat Verse 1

Repeat Chorus 1

Outro

    ‖ **A** | |
Well it's blue, blue, blue suede shoes,

A | |
  Blue, blue, blue suede shoes, yeah.

D7 | |
  Blue, blue, blue suede shoes, baby.

A |
  Blue, blue, blue suede shoes.

   | **E7**
You can do anything

   | **E7** | **A** | ‖
But lay off   of my blue suede shoes.

Blueberry Hill

Words and Music by
Al Lewis, Larry Stock and Vincent Rose

F   C   G7   Fm   Dm7   C7   B7   Em   E7

Intro | F | C |

Verse 1

‖ **F** |
I found my thrill

| **C** |
On Blueberry Hill,

| **G7** |
On Blueberry Hill

| **C**   **F** | **C**
When I found you.

Verse 2

‖ **F** |
The moon stood still

| **C** |
On Blueberry Hill

| **G7** |
And lingered until

| **C**   **Fm** | **C**
My dream came true.

Bridge

      G7   ‖**C** |**Dm7**
The wind in the willow played

      G7 |**C** |**C7**
Love's sweet melo - dy,

      B7 |**Em**   **B7** |**Em**
But all of those vows you made

      B7 |**E7** |**G7**
Were never to be.

Verse 3

      C7   ‖**F** |
Though we're apart,

          |**C** |
You're part of me still,

          |**G7** |
For you were my thrill

         |**C**   **Fm** |**C**
On Blueberry Hill.

Repeat Bridge

Verse 4

      C7   ‖**F** |
Though we're apart,

          |**C** |
You're part of me still,

          |**G7** |
For you were my thrill

       |**C**   **F** |**C**   ‖
On Blueberry Hill.

Bobby's Girl

Words and Music by
Gary Klein and Henry Hoffman

F   G   C   Am   Em

Intro

F |G |
(You're not a kid anymore.)
F |G ||
(You're not a kid anymore.)

Verse 1

C | |
When people ask of me,
Am | |
"What would you like to be
F |Em |F
Now that you're not a kid anymore?"
|G |
(You're not a kid anymore.)
C | |
I know just what to say,
Am | |
I answer right away.
F |Em |F |G
There's just one thing I've been wishing for.

Chorus

N.C.   ‖C |
I wanna be   Bobby's girl,

         |Am | |
I wanna be   Bobby's girl.

F | |G |
That's the most im‑portant thing to me.

N.C. |C |
And if I was   Bobby's girl,

       |F | |
If I was   Bobby's girl,

G | |C | ‖
What a faithful, thankful girl I'd be.

Verse 2

C | |
   Each night I sit at home,

Am | |
    Hoping that he will phone,

F |Em |F
   But I know Bobby has someone else.

         |G |
(You're not a kid anymore.)

C | |
   Still in my heart I pray

Am | |
   There soon will come the day

F |Em |F |G
   When I will have him all to myself.

Repeat Chorus

G | |C |
What a faithful, thankful girl I'd be.

Repeat and fade

N.C.   ‖:C | |Am | :‖

Outro   I wanna be   Bobby's girl, I wanna be   Bobby's girl, I wanna be

Breaking Up Is Hard to Do

Words and Music by
Howard Greenfield and Neil Sedaka

Intro

‖A   F♯m |D
Doo, doo, doo down doobie doo down, down.

E |A   F♯m |D
Come-a, come-a, down doobie doo down, down.

E |A   F♯m |D
Come-a, come-a, down doobie doo down, down.

E |A   D |A
Breaking up is hard to do.

Verse 1

N.C.   ‖A F♯m |D   E |
Don't take your love   a - way from me.

A   F♯m |D   E |
   Don't you leave my heart in misery.

A   C♯7/G♯ |F♯m
   If you go then I'll be blue,

     |B7 |E
'Cause breaking up is hard to do.

Verse 2

N.C. ‖A F♯m |D   E |
Remember when   you held me tight
A   F♯m |D   E |
  And you kissed me all through the night.
A   C♯7/G♯|F♯m
  Think of all that we've been through,
  |B7   E |A
And breaking up is hard to do.

Chorus 1

N.C.   ‖Am7 D7 |Am7   D7 |
They say that breaking up   is   hard to do.
G   Gmaj7 |G6   G |
  Now I know, I know that it's true.
Gm7   C7 |Gm7   C7
  Don't say that this is the end.
  |F |E |
In - stead of breaking up I wish that we are making up again.

Verse 3

N.C. ‖A F♯m |D   E |
I beg of you,   don't say goodbye.
A   F♯m |D   E |
  Can't we give our love an - other try.
A   C♯7/G♯ |F♯m
  Come on baby, let's start anew,
       |B7   E |A
'Cause breaking up is hard to do.

Chorus 2

N.C.   ‖ **Am7 D7** | **Am7**   **D7** |
(They say that breaking up   is   hard to do.)

G   **Gmaj7** | **G6**   **G** |
Now I know,   I know that it's true.

Gm7 C7 | **Gm7**   **C7**
(Don't say that this is the end.)

    | **F** | **E** |
In - stead of breaking up I wish that we are making up again.

Verse 4

N.C.   ‖ **A F♯m** | **D**   **E** |
I beg of you   don't say goodbye.

A   **F♯m** | **D**   **E** |
   Can't we give our love an - other try.

A   **C♯7/G♯** | **F♯m**
   Come on baby let's start anew,

   | **B7**   **E**   ‖
'Cause breaking up is hard to do.

Repeat and fade

Outro

‖: **A**   **F♯m** | **D E**   :‖
Down doobie doo down, down.   Come-a, come-a.

Don't Be Cruel
(To a Heart That's True)

Words and Music by
Otis Blackwell and Elvis Presley

D   G   Em   A

Intro | D | | |

Verse 1

‖ D | |
You know I can be found
D |
Sitting home all alone.
| G |
If you can't come around,
| D |
At least please telephone.
| Em |
Don't be cruel
A | D | ‖
To a heart that's true.

Verse 2

D
Baby, if I made you mad
  |D
For something I might have said,
G
Please, let's forget my past;
   |D
The future looks bright ahead.
    |Em
Don't be cruel
A |D
   To a heart that's true.

Bridge 1

    ‖G |A
I don't want no other love.
G |A |D
Baby, it's still you I'm thinking of.

Verse 3

    ‖D
Don't stop thinking of me,
   |D
Don't make me feel this way,
    |G
Come on over here and love me.
   |D
You know what I want you to say.
     |Em
Don't be cruel
A |D
   To a heart that's true.

Bridge 2

    ‖**G** |**A**
Why should we be apart?
 |**G** |**A** |**D** |
I really love you, ba - by, cross my heart.

Verse 4

    ‖**D** |
Let's walk up to the preach - er
 |**D** | |
And let us say, "I do."
G |
Then you'll know you'll have me
   |**D** |
And I'll know that I'll have you.
    |**Em** |
Don't be cruel
A |**D** |
  To a heart that's true.

Repeat Bridge 1

Outro

    ‖**Em** |
Don't be cruel
A |**D** |
  To a heart's that's true.
    |**Em** |
Don't be cruel
A |**D** |
  To a heart that's true.
   |**G** |**A** |
I don't want no other love.
G |**A** |**D** | ‖
Baby, it's still you I'm thinking of.

Downtown

Words and Music by
Tony Hatch

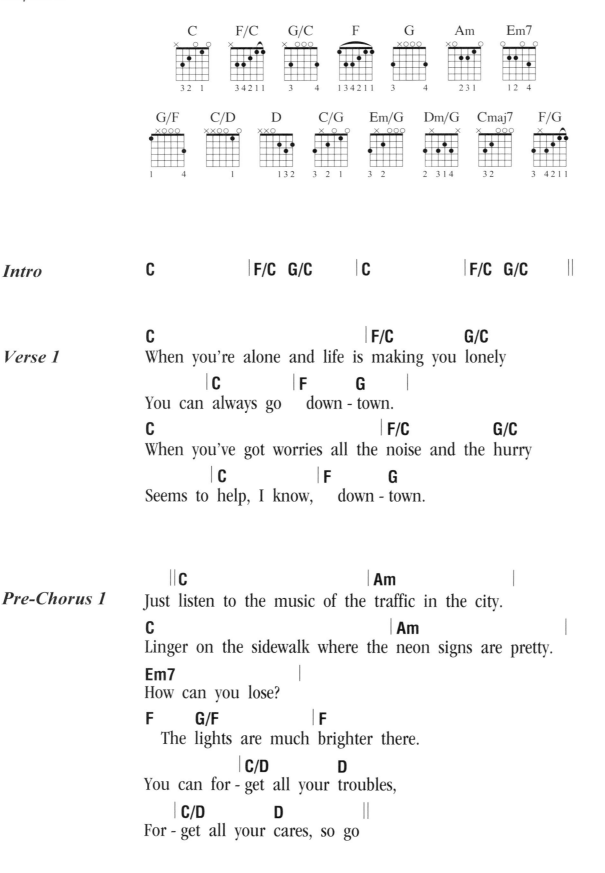

Intro

C |F/C G/C |C |F/C G/C   ‖

Verse 1

C |F/C   G/C
When you're alone and life is making you lonely
      |C |F   G |
You can always go   down - town.
C |F/C   G/C
When you've got worries all the noise and the hurry
      |C |F   G
Seems to help, I know,   down - town.

Pre-Chorus 1

   ‖C |Am |
Just listen to the music of the traffic in the city.
C |Am |
Linger on the sidewalk where the neon signs are pretty.
Em7 |
How can you lose?
F   G/F |F
   The lights are much brighter there.
     |C/D   D
You can for - get all your troubles,
   |C/D   D   ‖
For - get all your cares, so go

Chorus 1

C/G   Em/G |Dm/G |
Down - town. Things'll be great when you're

C/G   Em/G |Dm/G |
Down - town. No finer place for sure.

C/G   Em/G |Dm/G |C   F/C |C   F/C |
Down - town, everything's waiting for you. (Down - town.)

C   F/C |C   F/C ||
(Down - town.)

Verse 2

C   Cmaj7 |F/C   G/C
Don't hang a - round and let your problems sur - round you;

        |C   Cmaj7 |F   G |
There are movie shows   down - town.

C   Cmaj7 |F/C   G/C
Maybe you know some little places to go to

        |C   Cmaj7 |F   G
Where they never close,   down - town.

Pre-Chorus 2

    ||C |Am |
Just listen to the rhythm of a gentle bossa nova.

C |Am |
You'll be dancing with him too be - fore the night is over.

Em7 |
Happy again.

F   G/F |F
  The lights are much brighter there.

     |C/D   D
You can for - get all your troubles,

  |C/D   D ||
For - get all your cares, so go

Chorus 2

```
        C/G     Em/G|Dm/G                        |
Down - town, where all the lights are bright.
        C/G     Em/G|Dm/G                 |
Down - town, waiting for you tonight.
        C/G     Em/G|Dm/G                   |C              F/C     |
Down - town, you're gonna be alright now. (Down - town.)
        C       F/C     ||
```

Interlude

```
        C       F/C  |C       F/C    |
(Down - town. Down - town.)
        C            |F/C  G/C   |C    Em7   |F        G       |
                                               (Down - town.)
        C            |F/C  G/C   |C    Em7   |F        G
                                               (Down - town.)
```

Pre-Chorus 3

```
        ||C                          |Am                  |
And you may find somebody kind to help and understand you,
        C                          |Am                    |
Someone who is just like you and needs a gentle hand to
Em7                    |
Guide them along.
F    G/F        |F
  So maybe I'll see you there.
                |C/D         D
We can for - get all our troubles,
        |C/D          D              ||
For - get all our cares, so go
```

Chorus 3

C/G   Em/G │Dm/G   │

Down - town. Things'll be great when you're

C/G   Em/G │Dm/G   │

Down - town. Don't wait a minute more.

C/G   Em/G │Dm/G   │C   F/G   │

Down - town, everything's waiting for you. (Down - town.)

C   F/G   ‖

(Down - town.)

Repeat and fade

Outro

‖:C   F/G │C   F/G :‖

Down - town. (Down - town.)

Dream Lover

Words and Music by
Bobby Darin

C   Am   G7   F   G   C7   D7

Intro

| C | | Am | | C | | Am | | ‖

Verse 1

C
   Every night I hope and pray
Am
    A dream lover will come my way,
C
    A girl to hold in my arms
Am
    And know the magic of her charms.

Chorus 1

‖ N.C.   C
'Cause I want (Yeah, yeah, yeah.)
| N.C.   G7
A girl   (Yeah, yeah, yeah.)
| N.C.   C
To call   (Yeah, yeah, yeah.)
| N.C.   F
My own. (Yeah, yeah.)
| C   Am
I want a   dream lover
| F   G | C | G7   ‖
So I don't have to dream a - lone.

Verse 2

C | |
Dream lover, where are you,

Am | |
With a love, oh, so true,

C | |
And a hand that I can hold

Am |
To feel you near as I grow old?

Chorus 2

‖**N.C.**   **C**
’Cause I want (Yeah, yeah, yeah.)

|**N.C.**   **G7**
A girl   (Yeah, yeah, yeah.)

|**N.C.**   **C**
To call   (Yeah, yeah, yeah.)

|**N.C.**   **F**
My own. (Yeah, yeah.)

|**C**   **Am**
I want a   dream lover

|**F**   **G** |**C** |**C7**   ‖
So I don’t have to dream a - lone.

Bridge

F | |
Someday, I don’t know how,

C | |
I hope she’ll hear my plea.

D7 | |
Some way, I don’t know how,

G7 N.C. |**G7**   ‖
She’ll bring her love to me.

Verse 3

    C | |
Dream lover, until then

Am | |
I'll go to sleep and dream again.

C | |
That's the only thing to do,

Am |
Till all my lover's dreams come true.

Repeat Chorus 1

Repeat Verse 3

Chorus 3

    ‖**N.C.** **C**
'Cause I want (Yeah, yeah, yeah.)

 |**N.C.** **G7**
A girl (Yeah, yeah, yeah.)

  |**N.C.** **C**
To call (Yeah, yeah, yeah.)

  |**N.C.** **F**
My own. (Yeah, yeah.)

    |**C**   **Am**
I want a dream lover

 |**F**   **G** |**C** |**Am**
So I don't have to dream a - lone.

        |**C** |**Am**
Please don't make me dream alone.

          |**C** |**Am**
I beg you, don't make me dream alone.

      |**C** | ‖
No, I don't wanna dream alone.

Earth Angel

Words and Music by
Jesse Belvin

| G | Em | C | D | G7 | A |

Intro   G   Em |C   D |G   Em |C   D

Verse 1
‖G   Em |C   D |
Earth angel, earth angel, will you be mine?
G   Em |C   D |
  My darling, dear, love you all the time.
G   Em |C   D
  I'm just a fool, a fool in love
  |G   Em |C   D
With you.

Verse 2
‖G   Em |C   D |
Earth angel, earth angel, the one I a - dore,
G   Em |C D |
  Love you for - ever, and ever more.
G   Em |C   D
  I'm just a fool, a fool in love
  |G   C |G
With you.

Bridge 1

‖C |G
I fell for you,   and I knew

 |C |G   G7
The vision of your love, loveli - ness.

 |C |G
I hope and I pray   that someday

      |A |D
I'll be the vision of your hap, happi - ness.

Verse 3

      ‖G   Em |C   D |
Oh, earth angel, earth angel,   please be mine.

G   Em |C   D |
 My darling, dear, love you all the time.

G   Em |C   D
 I'm just a fool,   a fool in love

  |G   C |G   ‖
With you.

Bridge 2

C |G |
 I fell for you,   and I knew

C |G   G7 |
 The vision of your loveli - ness.

C |G
 I hope and I pray   that someday

 |A |D
That I'll be the vision of your happi - ness.

Verse 4

```
       ‖G              Em  |C              D        |
Oh, earth angel, earth angel,  please be  mine.
 G              Em  |C              D       |
  My darling, dear, love you  all  the  time.
 G              Em  |C          D
  I'm just a fool,  a fool in love
       |N.C.                  |          ‖
With you. (You, you, you.)
```

Hang On Sloopy

Words and Music by
Wes Farrell and Bert Russell

G   C   D

Chorus

|G   C |D   C |G C |D C |
Hang on Sloopy, Sloopy hang on.

|G   C |D   C |G C |D C ||
Hang on Sloopy, Sloopy hang on.

Verse 1

G   C |D   C |G   C D C
Sloopy lives in a very bad part of town.

|G   C |D   C |G   C D C ||
And everybod - y, yeah, tries to put my Sloopy down.

Verse 2

G   C |D   C |G C D C
Sloopy, I don't care what your daddy do,

|G   C |D   C |G C |D
'Cause you know, Sloopy girl, I'm in love with you.

||
And so I sing out:

Repeat Chorus

Verse 3

    G   **C**   **|D**   **C**   **|G C |D C |**
    Sloopy, let your hair down, let it hang down on me.

G   **C**   **|D**   **C**   **|G C |D**
Sloopy, let your hair down, girl, let it hang down on me.

Interlude

C   **‖G**   **C**   **|D**
Come on, Sloopy. (Come on, come on.)

C   **|G**   **C**   **|D**
Come on, Sloopy. (Come on, come on.)

      C   **|G**   **C**   **|D**
Well, come on, Sloo-py. (Come on, come on.)

      C   **|G**   **C**   **|D**
Well, come on, Sloo-py. (Come on, come on.)

        C **|G**   **C**   **|D**
Well, it feels so good. (Come on, come on.)

          C **|G**   **C**   **|D**
You know it feels so good. (Come on, come on.)

          C   **|G**   **C**   **|D**
Well, shake it, shake it, shake it, Sloopy. (Come on, come on.)

         C   **|G**   **C**   **|D** | ‖
Well, shake it, shake it, shake it, yeah. (Come on, come on.)   Ahh!

Repeat Chorus

I Got You Babe

Words and Music by
Sonny Bono

D   G/D   G   C   A   Asus4   Em

Verse 1

```
    D                         G/D
    They say we're young and we don't know,
      |D              G   C  |A        Asus4   A
    We won't find out un - til  we grow.
      |D              G/D
    Well, I don't know if all that's true,
      |D              G     C  |A          Asus4    A     ‖
    'Cause you got me, and baby, I got you.
```

Chorus

```
    D            G/D
    Babe,
      |D              G/D
    I got you, babe.
      |D              G/D
    I got you, babe.
```

Verse 2

```
    ‖D                   G/D
    They say our love won't pay the rent.
      |D              G     C    |A        Asus4    A
    Be - fore it's earned, our money's all been spent.
      |D              G/D
    I guess that's so; we don't have a pot.
      |D              G     C    |A          Asus4    A       ‖
    But at least I'm sure of all the things we got.
```

Chorus
```
        D          G/D
Babe,
       |D                  G/D
I got you,  babe.
       |D
I got you,  babe.
```

Bridge
```
        ‖Em            |A
I got flowers  in  the  spring.
       |Em              |A
I got you  to  wear  my  ring.
                |D              |G
And when I'm sad, you're  a  clown.
               |G                    |A
And  if  I  get  scared,  you're  always  a - round.
```

Verse 3
```
        ‖D                  G/D
So  let  them  say  your  hair's  too  long,
       |D                G     C     |A        Asus4    A
'Cause  I  don't  care;  with  you  I  can't  do  wrong.
       |D           G/D                |
Then  put  your  little  hand  in  mine;
D                      G      C    |A        Asus4   A      ‖
There  ain't  no  hill  or  mountain  we  can't  climb.
```

<pre>
                    D   G/D
Chorus   Babe,
                       |D   G/D
                    I got you, babe.
                       |D   G/D |D   G/D |D   A ||
                    I got you, babe.

                    D   G/D |
Outro   I got you to hold my hand.
                    D   A |
                    I got you to understand.
                    D   G/D |
                     I got you to walk with me.
                    D   A |
                    I got you to talk with me.
                    D   G/D |
                    I got you to kiss goodnight.
                    D   A |
                    I got you to hold me tight.
                    D   G/D |
                     I got you; I won't let go.
                    D   A |D   G/D |D   A
                    I got you to love me so.
                       G |D ||
                    I got you, babe.
</pre>

44

I Will Follow Him
(I Will Follow You)

English Words by Norman Gimbel and Arthur Altman
French Words by Jacques Plante
Music by J.W. Stole and Del Roma

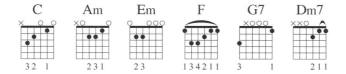

Intro   C | |Am | |

C |
Love him, I love him, I love him,
      |Am |
And where he goes I'll follow, I'll follow, I'll follow.

Verse 1   N.C.   ‖C |
I will follow him,
C |Em |
   Follow him wherever he may go.
   |Am |Em
There isn't an ocean too deep,
   |F |G7 |C |Am
A mountain so high it can keep me a-way.

Verse 2

N.C.   ‖C |
I must follow him. (Follow him.)
C |Em |
   Ever since he touched my hand I knew
   |Am |Em |
That near him I always must be,
    |F |G7 |C |
And nothing can keep him from me; he is my destiny. (Destiny.)

Chorus

‖C |
I love him, I love him, I love him,
                |Am |
And where he goes, I'll follow, I'll follow, I'll follow.
          |C |
He'll always be my true love, my true love, my true love,
          |Am |
From now until for - ever, forever, for - ever.

Verse 3

N.C.   ‖C |
I will follow him, (Follow him.)
C |Em |
   Follow him wherever he may go.
     |Am |Em |
There isn't an ocean too deep,
  |F |Dm7 G7 |C |
A mountain so high it can keep, keep me a - way,
C N.C. |C |
   Away from my love.

Repeat Chorus

Repeat Verse 3

Outro

‖**Am** |
And where he goes, I'll follow, I'll follow, I'll follow.
|**C** |
I know I'll always love him, I love him, I love him.
|**Am** |
And where he goes I'll follow, I'll follow, I'll follow.
|**C** |
I know I'll always love him, I love him, I love him.
|**Am** |
And where he goes I'll follow, I'll follow, I'll follow.
|**C** | ‖
I know I'll always love him...

It's My Party

Words and Music by
Herb Wiener, Wally Gold and John Gluck, Jr.

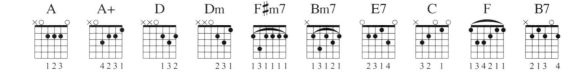

Chorus

A |A+
It's my party and I'll cry if I want to,
 |D |Dm |
Cry if I want to, cry if I want to.
A F♯m7 |Bm7 E7 |A D A| E7 ||
 You would cry too if it happened to you.

Verse 1

A |C
Nobody knows where my Johnny has gone,
 |A |D |
But Judy left the same time.
F |A
 Why was he holding her hand,
 |B7 |E7 ||
When he's supposed to be mine?

Repeat Chorus

Verse 2

```
        A                         |C
Play all my records, keep dancing all night,
    |A                      |D        |
But leave me alone for a while.
  F          |A
    Till Johnny's dancing with me
  |B7               |E7        ||
I've got no reason to smile.
```

Repeat Chorus

Interlude

```
A                |A+          |D              |Dm           |

A     F♯m7   |Bm7    E7    |A     D    A|   E7              ||
```


Verse 3

```
  A                       |C                    |
Judy and Johnny just walked through the door
A                   |D        |
Like a queen with her king.
  F          |A                 |
    Oh, what a birthday surprise:
B7                   |E7         ||
Judy's wearing his ring.
```


Repeat Chorus (2x)

Jailhouse Rock

Words and Music by
Jerry Lieber and Mike Stoller

D#   E   A   B

Intro   D# ‖E | D# |E | D#

Verse 1

‖E | D#
The warden threw a party in the county jail.
|E | D#
The prison band was there and they be - gan to wail.
|E | D#
The band was jumping and the joint be - gan to swing.
|E |
You should've heard those knocked-out jailbirds sing.

Chorus

‖A |
Let's rock!
A |E |
   Everybody, let's rock!
|B |A
Every - body in the whole cell block
|E | D# ‖
Was danc - ing to the Jailhouse Rock!

Verse 2

E | D♯ |
Spider Murphy played the tenor saxophone,
E | D♯
Little Joe was blowin' on the slide trombone.
   | E | D♯
The drummer boy from Illinois went crash, boom, bang;
   | E
The whole rhythm section was the Purple Gang.

Repeat Chorus

Verse 3

E | D♯ |
Number forty-seven said to number three:
E | D♯
"You're the cutest jailbird I ever did see.
 | E | D♯
I sure would be delighted with your company;
    | E
Come on and do the Jailhouse Rock with me."

Repeat Chorus

Interlude   A | | E | |

                  B | A | E | D♯ ||

Verse 4

      E | D♯

Sad sack was a sitting on a block of stone

       |E | D♯

Way over in the corner weeping all alone.

        |E | D♯

The warden said: "Hey, buddy, don't you be no square;

         |E |

If you can't find a partner use a wooden chair."

Repeat Chorus

Verse 5

      E | D♯

Shifty Henry said to Bugs: "For heaven's sake,

       |E | D♯ |

No one's looking; now's our chance to make a break."

      E | D♯

Bugsy turned to Shifty and he said: "Nix nix;

      |E |

I wanna stick around awhile and get my kicks."

Repeat Chorus

Repeat and fade

          ‖: |E | D♯   :‖

Outro   Danc - ing to the Jailhouse Rock!

Johnny Angel

Words by Lynn Duddy
Music by Lee Pockriss

D   G   Em   C   Am   Dm7   G7   Em7   A7

Intro

N.C.
Johnny Angel, Johnny Angel, Johnny Angel, Johnny Angel,
D |G |
   You're an angel to me.

Verse 1

‖G
Johnny Angel,
|Em
How I love him.
   |C |Am
He's got something that I can't re - sist,
   |C |Am D |G Em |G Em
But he doesn't even know that I   ex - ist.

Verse 2

‖G
Johnny Angel,
|Em
How I want him.
   |C |Am
How I tingle when he passes by;
   |C |Am D |G Em |G
Every - time he says "Hello" my heart be - gins to fly.

Bridge

```
            ‖Dm7   G7
I'm  in  heaven;
            |Dm7       G7
I  get  carried  a - way.
      |C                       |
I  dream  of  him  and  me  and  how  it's  gonna  be.
              |Em7   A7
Other  fellas
            |Em7     A7
Call  me  up  for  a  date,
      |D    N.C.         C  |D      N.C.
But  I  just  sit  and  wait;   I'd  rather  concentrate
```

Verse 3

```
                  ‖G
On  Johnny  Angel
            |Em
'Cause  I  love  him,
      |C                       |Am
And  I  pray  that  someday  he'll  love  me,
            |C                   |Am    D          |G   Em      |G
And  to - gether  we  will  see  how  lovely   heaven  will  be.
```

Repeat Bridge

54

Verse 4

    ‖**G**
On Johnny Angel

    |**Em**
'Cause I love him,

  |**C** |**Am**
And I pray that someday he'll love me,

   |**C** |**Am** **D**   ‖**G**
And to - gether we will see how lovely heaven will be.

Outro

    |**Em**
(Johnny Angel,   Johnny Angel.)

   |**C** |
Johnny Angel, (Johnny Angel.)

D |**G**
  You're an angel to me.

    |**Em**
(Johnny Angel,   Johnny Angel.)

   |**C** |
Johnny Angel, (Johnny Angel.)

D |**G**   ‖
  You're an angel to me.

Leader of the Pack

Words and Music by
George Morton, Jeff Barry and Ellie Greenwich

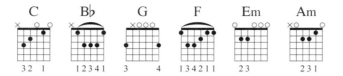

Intro

C
Is she really going out with him?

C
Well, there she is, let's ask her.

C
Betty, is that Jimmy's ring you're wearing? Mm hmm.

C
Gee, it must be great riding with him.

Bb
Is he picking you up after school today?

G **F**
Nn nn. By the way, where'd you meet him?

F
I met him at the candy store;

Em
He turned around and smiled at me,

Em
You get the picture? (Yes, we see.)

G **C**
That's when I fell for the leader of the pack.

Verse 1

C | | | |
My folks were always putting him down. (Down, down.)

C | |B♭
They said he came from the wrong side of town.

(What you mean when you say that he came
        |G |
From the wrong side of town?)

F | |
They told me he was bad,

Em | |
But I knew he was sad.

G | |C | ‖
That's why I fell for the leader of the pack.

Verse 2

C | | | |
One day my dad said find someone new.

C | |B♭
I had to tell my Jimmy we're through.

(What you mean when you say that
        |G |
You better go find somebody new?)

F | |
He stood there and asked me why,

Em | |
But all I could do was cry.

G | |C | ‖
I'm sorry I hurt you, the leader of the pack.

Bridge

```
        Am                           |
            He sort of smiled and kissed me goodbye.
            |Am                          |
The tears were beginning to show
                        |Am
As he drove away on that rainy night.
    |Am
I begged him to go slow,
    | Am                | N.C.              |
But whether he heard, I'll never know.
N.C.                                        ||
        Look out, look out, look out, look out!
```

Verse 3

```
        C           |              |      |      |
            I felt so helpless, what could I do,
        C               |                    |Bb   |G      |
            Remembering all the things we'd been through.
        F                   |
            In school they all stop and stare;
    |Em                 |          |
I can't hide the tears, but I don't care.
        G               |            |C      |      |      |      ||
            I'll never forget  him, the leader of the pack.
```

Repeat and fade

Outro

```
||: C                   |              :||
        The leader of the pack, now he's gone.
```

The Loco-Motion

Words and Music by
Gerry Goffin and Carol King

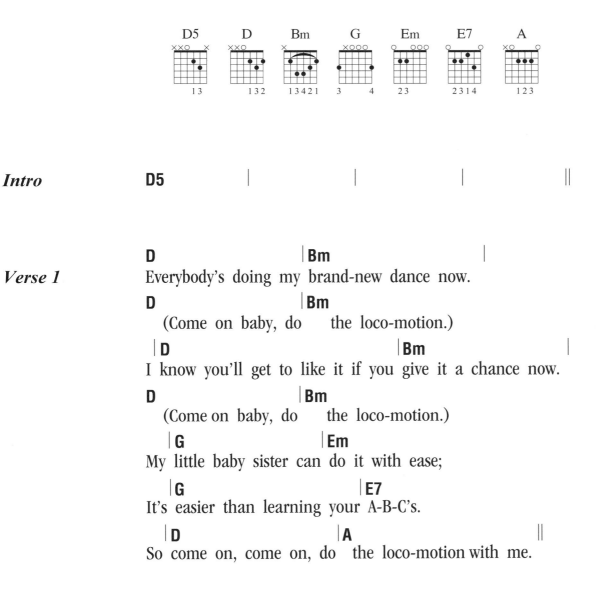

Intro   **D5** | | | ‖

Verse 1

D |**Bm** |
Everybody's doing my brand-new dance now.

D |**Bm**
(Come on baby, do   the loco-motion.)

|**D** |**Bm** |
I know you'll get to like it if you give it a chance now.

D |**Bm**
(Come on baby, do   the loco-motion.)

|**G** |**Em**
My little baby sister can do it with ease;

|**G** |**E7**
It's easier than learning your A-B-C's.

|**D** |**A**   ‖
So come on, come on, do   the loco-motion with me.

Bridge

```
D             |                  |G
    You gotta swing your hips now.
              |G
Come on,  baby,
              |D           |
Jump up,    jump back.
              |A                    |              ||
Oh, well, I think you've got the knack.   Wow, wow.
```

Verse 2

```
D                     |Bm                    |
Now that you can do it, let's make a chain now.
D                     |Bm
   (Come on baby, do     the loco-motion.)
 |D                        |Bm                |
A chug-a chug-a motion like a railroad train now.
D                     |Bm              |
   (Come on baby, do     the loco-motion.)
G                        |Em
Do it nice and easy now, don't lose control,
 |G                      |E7             |
A little bit of rhythm and a lot of soul.
D               |A                      ||
Come on baby, do   the loco-motion with me.
```

Interlude

```
D             |              |G          |            |

D          |           |A         |               ||
                                      Yay, yay, yay, yeah.
```

Verse 3

D |Bm |
Move around the floor in a loco-motion.
D |Bm |
  (Come on baby, do   the loco-motion.)
D |Bm |
Do it holding hands if you get the notion.
D |Bm |
  (Come on baby, do   the loco-motion.)
     |G |Em
There's never been a dance that's so easy to do.
 |G |E7
It even makes you happy when you're feeling blue.
 |D |A ||
So come on, come on, do the loco-motion with me.

Outro

D | |
  (Come on.) You gotta swing your hips now.
G |
  (Come on,) That's right. (do the loco-motion.)
         |D |
You're doing fine! (Come on, do the loco-motion.)
     |G |
Come on, baby. (Come on, do the loco-motion.)
      |D |
Jump up, (Come on,) jump back. (do the loco-motion.)
       |G | |D ||
You're looking good. (Come on, do the loco-motion.)

Louie, Louie

Words and Music by
Richard Perry

A   D   Em

Intro   A   D |Em   D |A   D |Em   D

Chorus 1

‖A   D |Em   D
Uh, Louie, Louie,   oh, no,

     |A   D |Em   D
Saying we gotta go.   Yeah, yeah, yeah, yeah, yeah.

      |A   D |Em   D
Said uh, Louie, Louie,   oh, baby,

     |A   D |Em   D
Said we gotta go.

Verse 1

‖A   D |Em   D
A fine little girl is waiting for me.

 |A   D |Em   D
Me catch a ship a - cross the sea.

  |A   D |Em   D
Me sailed that ship, ah, all alone.

  |A   D |Em   D
Me never think how I'll make it home.

Chorus 2

```
       ‖A          D |Em        D
Uh, Louie, Louie,    oh, no, no, no,
        |A        D |Em    D
Saying we gotta go.    Oh, no.
       |A        D |Em    D
Said, Louie, Louie,    oh, baby,
       |A        D |Em    D
Said we gotta go.
```

Verse 2

```
       ‖A          D  |Em        D
Three nights and days I sail the sea.
       |A        D  |Em        D
Me think of girl, oh,    constantly.
        |A        D  |Em        D
Oh, on that ship I dream she there.
       |A        D  |Em        D
I smell the rose, ah,    in her hair.
```

Chorus 3

```
       ‖A          D |Em    D
Uh, Louie, Louie,    oh, no,
        |A        D |Em            D
Saying we gotta go.    Yeah, yeah, yeah, yeah, yeah.
         |A        D |Em    D
Said uh, Louie, Louie,    oh, baby,
       |A        D |Em            D        ‖
Said we gotta go.    Okay, let's give it to 'em, right now!
```

Interlude

```
A     D    |Em     D    |A      D    |Em     D    |

A     D    |Em     D    |A      D    |Em     D    ‖
```

Verse 3

     A   **D** |**Em**   **D**
See Ja - maica, the moon above.

      |**A**   **D** |**Em**   **D**
It won't be long, me   see me love.

      |**A**   **D** |**Em**   **D**
Me take her in my arms again.

    |**A**   **D** |**Em**   **D**
I tell her I'll never leave again.

Chorus 4

    ‖**A**   **D** |**Em** **D**
Uh, Louie, Louie,   oh, no,

     |**A**   **D** |**Em**   **D**
Saying we gotta go.   Yeah, yeah, yeah, yeah, yeah.

      |**A**   **D** |**Em**   **D**
Said uh, Louie, Louie,   oh, baby,

    |**A**   **D** |**Em** **D**
Said we gotta go.

    |**A**   **D** |**Em** **D** |**A**   **D** |**Em**
I said we gotta go now.

D |**A**   ‖
Let's go!

A Lover's Concerto

Words and Music by
Sandy Linzer and Denny Randell

Dm7	Em7	Fmaj7	G7	C	F/G	Em	F	Am
2 1 1	1 2 4	1 3 4 2	3 1	3 2 1	3 4 2 1 1	2 3	1 3 4 2 1 1	2 3 1

Intro

Dm7   Em7 Dm7| | Em7 Dm7| G7 |

C F/G C F/G |C | F/G C F/G |C   ‖

Verse 1

    C |Em
How gentle is the rain

     |F   G7 |C   Am |
That falls softly on the mead - ow!

Dm7 G7 |C
Birds high up in the trees

Am |G7   C |Dm7
Serenade the flowers with their melo - dies.

Verse 2

G7‖C |Em
Oh, see there beyond the hill,

    |F   G7 |C   Am |
The bright colors of the rain - bow.

Dm7 G7 |C
Some magic from a - bove

Am |Dm7 G7 |C G7   ‖
Made this day for us, just to fall in love.

Verse 3

```
C                 |Em
Now I belong to    you
      |F   G7        |C   Am  |
From this day until for - ev - er.
Dm7 G7           |C
Just  love me tender - ly
Am           |G7  C       |Dm7
And I'll give to you every part of me.
```

Verse 4

```
G7‖C                    |Em
Oh, don't ever make me cry
      |F    G7             |C   Am  |
Through long, lonely nights with - out love.
Dm7 G7           |C
Be    always true to me;
Am          |Dm7 G7        |C  G7   ‖
Keep this day in your heart eternal - ly.
```

Interlude

```
C              |Em           |F    G7   |C    Am      |

Dm7  G7    |C    Am    |G7    C      |Dm7  G7      ‖
```

Verse 5

```
C                |Em
Someday we shall re - turn
   |F   G7          |C    Am  |
To this place upon the mead - ow.
Dm7 G7           |C
We'll walk out in the rain,
Am          |G7  C          |Dm7
Hear the birds a - bove singing once a - gain.
```

Verse 6

G7 ‖ C | Em
Oh, you'll hold me in your arms

 | F G7 | C Am |
And say once again you love me.

Dm7 G7 | C
And if your love is true

Am | Dm7 G7 | C G7 ‖
Everything will be just as wonder - ful.

Repeat Verse 6 (2x)

Monster Mash

Words and Music by
Bobby Pickett and Leonard Capizzi

G Em C D7

Verse 1

|**G** |

I was working in the lab late one night

|**Em** |

When my eyes beheld an eerie sight,

|**C** |

For my monster from his slab be-gan to rise

|**D7** |

And suddenly, to my surprise…

Chorus

||**G** |

He did the mash. *He did the monster mash.*

|**Em** |

The monster mash. *It was a graveyard smash.*

|**C** |

He did the mash. *It caught on in a flash.*

|**D7** |

He did the mash. *He did the monster mash.*

Verse 2

||**G** |

From my laboratory in the castle east,

|**Em** |

To the master bedroom where the vampires feast.

|**C** |

The ghouls all came from their humble abodes

|**D7** |

To catch a jolt from my electrodes.

Repeat Chorus   They did the mash...

Bridge

```
  ‖C                           |
   The zombies were having fun,

  G                            |
   The party had just begun.

  C                            |
   The guests included Wolf-man,

  D7                        |
   Dracula, and his son.
```

Verse 3

```
        ‖G                          |                |
   The scene was rockin', all were digging the sounds,

  Em                           |
   Igor on chains, backed by his baying hounds.

   |C                       |
   The coffin-bangers were about to arrive

         |D7              |
   With their vocal group, "The Crypt-Kicker Five."
```

Repeat Chorus They played the mash…

Verse 4

```
  G                          |              |
   Out from his coffin Drac's voice did ring,

  Em                          |
   Seems he was troubled by just one thing.

    |C                    |
   He opened the lid and shook his fist

     |D7                       |
   And said, "Whatever happened to my Transylvanian twist?"
```

Repeat Chorus It's now the mash…

Verse 5

```
       ‖G                        |
   Now everything's cool, Drac's a part of the band

        |Em                |
   And my monster mash is the hit of the land.

    |C                          |
   For you, the living, this mash was meant too,

     |D7                       |
   When you get to my door, tell them Boris sent you.
```

Repeat Chorus And you can mash…

My Guy

Words and Music by William "Smokey" Robinson

Intro

C | | |N.C. Dm7 Em7 ||

Verse 1

    Cmaj7   **C6** |**Cmaj7**   **C6**
Nothing you could say could tear   me a - way

       |**Cmaj7**   **C6** |**Cmaj7** **C6** |
From my   guy.

    Cmaj7   **C6** |**Cmaj7**   **C6**
Nothing you could do, 'cause I'm   stuck like glue

     |**E7** |
To my   guy.

    |**Dm7**   **G6** |**Dm7**   **G6**
I'm sticking to my guy like a stamp to a letter.

     |**Dm7**   **G6** |**Dm7 N.C.**
Like birds of a feather, we   stick together.

   |**C**   **A7** |**D7**   **G7**
I'm tellin' you from the start I can't   be torn a - part

      |**Cmaj7**   **C6** |**N.C. Dm7 Em7** ||
From my   guy.

Verse 2

Cmaj7   C6 |Cmaj7   C6
Nothing you could do could make   me un - true

           |Cmaj7 C6 |Cmaj7   C6 |
To my   guy. (My   guy.)

Cmaj7   C6 |Cmaj7   C6
Nothing you could buy could make   me tell a lie

         |E7 |
To my   guy. (My guy, my guy, my guy.)

 |Dm7   G6 |Dm7   G6 |
I gave my guy my   word of hon - or

Dm7 G6 |Dm7 N.C.
To be faithful,   and I'm gonna.

   |C   A7 |D7   G7
You best be be - lieving I won't be de - ceiving

    |Cmaj7   C6 |N.C. Dm7 Em7
My   guy.

Bridge

     ||Dm   G |Dm   G |
As a matter of o - pinion I think he's tops.

Dm   G |C
My opinion is he's the cream of the crop.

  |Am   Em |Am   Em |
As a matter of taste, to be exact,

D7 |G7
He's my ideal, as a matter of fact.

Verse 3

```
   ‖Cmaj7        C6        |Cmaj7        C6
   No muscle-bound man could take my hand
          |Cmaj7    C6  |Cmaj7     C6      |
   From my        guy.  (My        guy.)
       |Cmaj7        C6        |Cmaj7        C6
   No handsome face    could ever take the place
       |E7                      |
   Of my    guy. (My guy, my   guy, my guy.)
       |Dm7      G6 |Dm7        G6
   He may not be a movie star,
              |Dm7           G6  |Dm7 N.C.
   But when it comes to being happy,      we are.
              |C        A7       |D7       G7
   There's not a man today    who could take me a - way
       |Cmaj7      C6  |N.C.  Dm7  Em7      ‖
   From my        guy.
```

Interlude

```
   C               |               |          |N.C.  Dm7  Em7
```

Repeat Verse 3

Outro

```
              ‖C        A7       |D7          G7
   There's not a man today    who could take me a - way
       |Cmaj7      C6 |N.C.      Dm7          Em7
   From my        guy.        (Tell me more.)
              |C        A7       |D7          G7
   There's not a man today   who could take me a - way
       |Cmaj7      C6 |N.C.Dm7            Em7
   From my        guy.        (What's that?)
              |C        A7       |D7          G7
   There's not a man today   who could take me a - way
       |Cmaj7      C6 |N.C. Dm7   Em7  |C          ‖
   From my        guy.
```

Peggy Sue

Words and Music by
Jerry Allison, Norman Petty and Buddy Holly

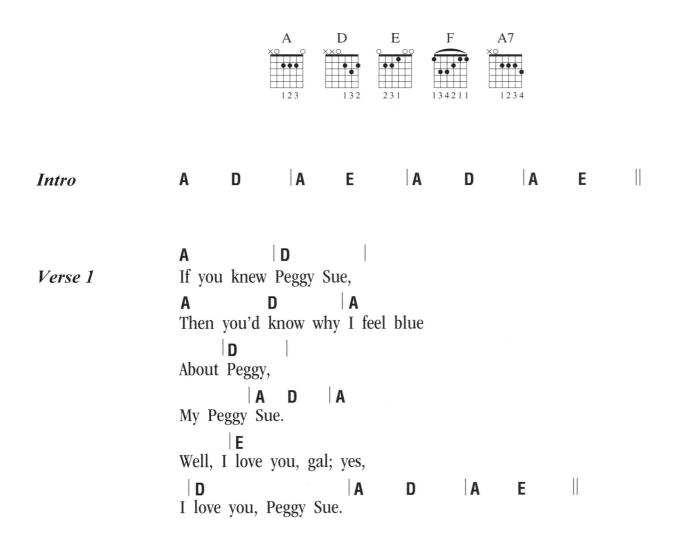

Intro   A   D |A   E |A   D |A   E   ‖

Verse 1

      A |D |
If you knew Peggy Sue,

  A   D |A
Then you'd know why I feel blue

    |D |
About Peggy,

       |A D |A
My Peggy Sue.

    |E
Well, I love you, gal; yes,

|D |A D |A E ‖
I love you, Peggy Sue.

Verse 2

A |D

Peggy Sue, Peggy Sue,

A   D |A

Oh, how my heart yearns for you,

  |D |

Oh, Peggy,

       |A D |A

My Peggy Sue;

    |E

Well, I love you, gal; yes,

 |D |A   D |A   E   ‖

I love you, Peggy Sue.

Chorus

A | |

Peggy Sue, Peggy Sue,

F |A

Pretty, pretty, pretty, pretty Peggy Sue,

  |D |

Oh, Peggy,

       |A D |A

My Peggy Sue;

    |E

Well, I love you, gal,

  |D |A   D |A   E   ‖

And I need you, Peggy Sue.

Verse 3

A |D |
I love you, Peggy Sue,

  A   D |A
With a love so rare and true,

  |D |
Oh, Peggy,

       |A   D |A
My Peggy Sue;

    |E
Well, I love you, gal;

|D |A   D |A   E ||
I want you, Peggy Sue.

Interlude   A |D |A   D A   D| A D A |D | |

              A   D |A |E |D |A   D |A   E ||

Repeat Chorus

Verse 4

A |D |
I love you, Peggy Sue,

A |A7
With a love so rare and true,

  |D |
Oh, Peggy,

      |A   D |A
My Peggy Sue;

  |E
Well, I love you, gal,

   |D |A   D |A
And I want you, Peggy Sue.

   |E
Well, I love you, gal,

  |D |A   D |A ||
And I want you, Peggy Sue.

Only You
(And You Alone)

Words and Music by
Buck Ram and Ande Rand

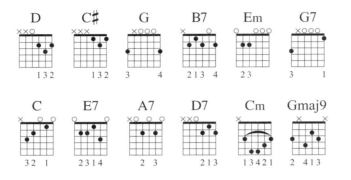

Intro D   C# |D N.C.

    ||**G** |

Verse 1 Only you

    |**B7** |

Can make this world seem right.

   |**Em** |

Only you

    |**G7** |

Can make the darkness bright.

  |**C** |**D**

Only you and you a - lone

 |**G** **B7** |**Em** **E7**

Can   thrill me like you do

 |**A7** |**D** | **N.C.**

And fill my heart with love for only you.

Verse 2

‖**G** |
Only you

|**B7** |
Can make this change in me,

|**Em** |
For it's true

|**G7** |
You are my destiny.

|**C** |**Cm**
When you hold my hand, I understand

|**G** **B7** |**E7**
The magic that you do.

|**A7**
You're my dream come true,

|**D7** |**G Cm** |**G N.C.**
My one and only you,

Verse 3

‖**G** |
Only you

|**B7** |
Can make this change in me,

|**Em** |
For it's true

|**G7** |
You are my destiny.

|**C** |**Cm**
When you hold my hand, I understand

|**G** **B7** |**E7**
The magic that you do.

|**A7**
You're my dream come true,

|**D7 N.C.** | |**Gmaj9** ‖
My one and only you. (One and only you.)

Please Mr. Postman

Words and Music by
Robert Bateman, Georgia Dobbins,
William Garrett, Freddie Gorman and Brian Holland

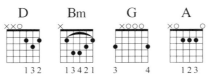

Intro

D
(Wait.) Oh yes, wait a minute, Mister Postman.

Bm
(Wait.) Wait, Mister Postman.

Chorus 1

D
(Please, Mister Postman, look and see;)

|Bm
Woh, yeah.   (Is there a letter in your bag for me?)

|G
Mister Postman, ('Cause it's been a mighty a long time)

|A
Woh, yeah. (Since I heard from this boyfriend of mine.)

Verse 1

D
There must be some word today

Bm
From my boyfriend so far away.

G
Please, Mister Postman, look and see;

A
Is there a letter, a letter for me?

Verse 2

D | |
I've been standing here waiting, Mister Postman,

Bm | |
So, woh so patiently

G | |
For just a card or just a letter

A |
Saying he's returning home to me.

Chorus 2

                  ‖**D** |
Please, Mister Postman, (Please, Mister Postman, look and see;)

       |**Bm** |
Woh, yeah.   (Is there a letter in your bag for me?)

    |**G** |
Mister Postman, ('Cause it's been a mighty a long time)

    |**A** | ‖
Woh, yeah. (Since I heard from this boyfriend of mine.)

Verse 3

D | |
So many days you've passed me by;

Bm | |
You saw the tears standing in my eyes.

G | |
You wouldn't stop to make me feel better

A | ‖
By leaving me a card or a letter.

Chorus 3

D

Please, Mister Postman, look and see;

|Bm |

Is there a letter, oh yeah, in your bag for me?

|G |

You know, it's been so long,

|A |

Yeah, since I heard from this boyfriend of mine.

Outro

||D |

You better wait a minute, wait a minute.

|Bm

Oh, you'd better wait a minute.

|Bm |G |

Please,   please Mister Postman, (Wait a minute, Mister Postman.)

|A |

Please check and see just one more time for me.

|D |

You better wait. (Wait.) Wait a minute.

|Bm |

Wait a minute, wait a minute, wait a minute.

|G |

Please, Mister Postman, (Wait a minute, Mister Postman.)

|A | |D ||

De - liver the letter, the sooner the better.

Rock Around the Clock

Words and Music by
Max C. Freedman and Jimmy DeKnight

A   E7   D7

Intro

A N.C. | **A** |
One, two, three o'clock, four o'clock, rock.
A N.C. | **A** |
Five, six, seven o'clock, eight o'clock, rock.
A N.C. |
Nine, ten, eleven o'clock, twelve o'clock, rock.
| **E7** |
We're gonna rock around the clock tonight.

Verse 1

‖ **A** |
Put your glad rags on and join me, hon.
| **A** |
We'll have some fun when the clock strikes one.
| **D7** |
We're gonna rock around the clock tonight,
| **A** |
We're gonna rock, rock, rock, till broad daylight.
| **E7** | | **A** |
We're gonna rock, gonna rock around the clock tonight.

Verse 2

| |**A** | |
When the clock strikes two and three and four,

| **A** | |
If the band slows down we'll yell for more.

| **D7** | |
We're gonna rock around the clock tonight,

| **A** | |
We're gonna rock, rock, rock, till broad daylight.

| **E7** | | **A** | | ||
We're gonna rock, gonna rock around   the clock tonight.

Interlude 1   **A** | | | **D7** | |

A | **E7** | **A** |

Verse 3

| |**A** | |
When the chimes ring five, six and seven,

A |
We'll be right in seventh heaven.

| **D7** | |
We're gonna rock around the clock tonight,

| **A** | |
We're gonna rock, rock, rock, till broad daylight.

| **E7** | | **A** |
We're gonna rock, gonna rock around   the clock tonight.

Verse 4

‖**A** |
When it's eight, nine, ten, e - leven too,

 |**A** |
I'll be goin' strong and so will you.

 |**D7** |
We're gonna rock around the clock tonight,

 |**A** |
We're gonna rock, rock, rock, till broad daylight.

 |**E7** | |**A** | ‖
We're gonna rock, gonna rock around   the clock tonight.

Interlude 2   **A** | | | |**D7** | |

A | |**E7** | |**A** |

Verse 5

‖**A** |
When the clock strikes twelve, we'll cool off, then

 |**A** |
Start a-rockin' 'round the clock again.

 |**D7** |
We're gonna rock around the clock tonight,

 |**A** |
We're gonna rock, rock, rock, till broad daylight.

 |**E7** | |**A** | ‖
We're gonna rock, gonna rock around   the clock tonight.

Roses Are Red, My Love

Words and Music by
Al Byron and Paul Evans

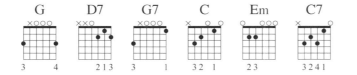

Intro

G   D7 G7 ‖C |
Ros - es are red, my love,

C |**G** |
   Doo doo doo doo.)

Verse 1

          ‖**D7** |
A long, long time ago,

       |**G** |
On gradu - ation day,

         |**C** |
You handed me your book

D7 |**G**
   I signed this way:

Chorus 1

     D7 G7 ‖**C** |
Ros - es are red, my love;

      |**G** |**Em**
Violets are blue.

     |**C**
Sugar is sweet, my love,

   |**D7** |**G** |
But not as sweet as you.

Verse 2

‖**D7**　　　　　　　　　　|
We dated　　through high school,
　　　　　　　|**G**　　　　|
And when the　big day came,
　　　　　　|**C**　　　　　|
I wrote in - to your book
D7　　　　　|**G**
　Next to my name:

Chorus 2

　　　D7 G7‖**C**　　　　　　|
Ros - es are red, my love;
　　　　　　|**G**　　|**Em**
Violets are blue.
　　　　|**C**
Sugar is sweet, my love,
　|**D7**　　　　　|**G**　　**C**　|**G**　**G7**　‖
But not as sweet as you. (As sweet as you.)

Bridge

C　　　　　|**D7**
　Then I went　far away
　|**G**　　　　　　|　　**D7**　**G7**　|
And you found someone new.
C　　　　　|**D7**
　I read your letter, dear,
　|**G**　　**C7**　|**D7**
And I wrote back to you:

Chorus 3

G   D7 G7 ‖C |
Ros - es are red, my love;

          |G |Em
Violets are blue.

         |C
Sugar is sweet, my love;

    |D7 |G   C |G
Good luck, may God bless you. (May God bless you.)

Verse 4

          ‖D7 |
Is that your   little girl?

        |G |
She looks a lot like you.

          |C |
Someday some boy will write

D7 |G
  In her book, too:

Chorus 4

    D7 G7 ‖C |
Ros - es are red, my love;

        |G |Em
Violets are blue.

       |C
Sugar is sweet, my love,

    |D7 |G   C   G C |G   ‖
But not as sweet as you. (Ros - es are red.)

Sealed with a Kiss

Words by Peter Udell
Music by Gary Geld

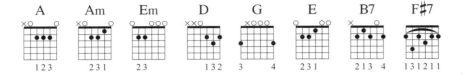

Verse 1

N.C.   ‖A   Am
Though we gotta say good - bye

    |Em
For the summer,

Am   D |G
Darling, I promise you this:

    E |Am   D
I'll send you all my love

   |B7   Em |Am
Every day in a letter,

B7 |Em
Sealed with a kiss.

Verse 2

N.C.   ‖A   Am
Guess it's gonna be a cold,

    |Em
Lonely summer,

  |Am   D |G
But I'll fill the empti - ness.

    E |Am   D
I'll send you all my dreams

   |B7   Em |Am
Every day in a letter,

B7 |Em
Sealed with a kiss.

Bridge

   ‖**A**   **|Em**
I'll see you in the sunlight,

   |A   **|Em**
I'll hear your voice every - where.

   |A   **|Em**
I'll run to tenderly hold you,

   |F♯7   **|B7**
But, darling, you won't be there.

Verse 3

   N.C.   ‖**A**   **Am**
I don't wanna say good - bye

       |Em   **|**
For the summer,

Am   **D**   **|G**
Knowing the love we'll miss.

    E   **|Am**
Oh, let us make a pledge

   D   **|Em**   **|Am**
To meet in Sep - tember,

   D   **|Em** **D**   **|Em N.C.**   **‖**
And seal it with a kiss.

Interlude   **A**   **Am**   **|Em**   **|Am** **D**   **|G**   **E**   **|**

                Am **D**   **|B7** **Em**   **|Am** **B7**   **|Em**

Verse 4

N.C. ‖ **A** **Am**
Yes, it's gonna be a cold,

|**Em**
Lonely summer,

|**Am** **D** |**G**
But I'll fill the empti - ness.

E |**Am** **D**
I'll send you all my love

|**B7** **Em** |**Am**
Every day in a letter,

D |**Em** |**Am**
Sealed with a kiss,

D |**Em** |**Am**
Sealed with a kiss,

D |**E** ‖
Sealed with a kiss.

Runaround Sue

Words and Music by
Ernie Marasca and Dion Di Mucci

D   Bm   G   A

Intro

D
   Here's my story, it's sad but true;
Bm
    It's about a girl that I once knew.
G
   She took my love then ran around
A
With every single guy in town.

Chorus 1

D
(Hayp hayp   bumda hady hady,
Bm
Hayp hayp   bumda hady hady,
G   **A**
Hayp hayp   bumda hady hady hayp.
D
Hayp hayp   bumda hady hady,
Bm
Hayp hayp   bumda hady hady,
G   **A**   **N.C.**
Hayp hayp   bumda hady hady hayp. Ah.)

Verse 1

D | |
I should have known it from the very start,
Bm | |
This girl would leave me with a broken heart.
G | |
Now listen, people, what I'm telling you:
A **N.C.** | ||
A-keep away from Runaround Sue.

Verse 2

D |
I miss her lips and the smile on her face,
|**Bm** | |
The touch of her hair and this girl's warm embrace.
G | |
So if you don't wanna cry like I do,
A **N.C.** | ||
A-keep away from Runaround Sue.

Chorus 2

D | |
(Hayp hayp bumda hady hady,
Bm | |
Hayp hayp bumda hady hady,
G | |**A** **N.C.**| ||
Hayp hayp bumda hady hady hayp. Ah.)

Bridge 1

```
          G                        |
          She likes to travel around;
                    |D                          |
          Yeah, she'll love you and she'll put you down.
            |G                     |            |
          Now people, let me put you wise:
          A   N.C. |
          Sue goes   out with other guys.
```

Verse 3

```
                    ||D                    |              |
          Here's the moral and the story from the guy who knows;
          Bm                      |          |
            I fell in love and my love   still grows.
          G                |              |
          Ask any fool that she ever knew, they'll say:
          A   N.C.            |            ||
            A-keep away from Runaround Sue.
```

Chorus 3

```
          D                   |                    |
          (Hayp hayp.) Yeah,  keep away from this girl.
          Bm            |                    |
          (Hayp hayp.) I don't know what she'll do.
          G            |              |A   N.C. |          ||
          (Hayp hayp.)   Keep away from Sue. (Ah.)
```

Bridge 2

G

She likes to travel around;

          |D |

Yeah, she'll love you and she'll put you down.

      |G | |

Now people, let me put you wise:

A   N.C.|

She goes out with other guys.

Repeat Verse 3

Chorus 4

D | |

(Hayp hayp.) Stay away from that girl.

Bm | |

(Hayp hayp.) Don't you know what she'll do now?

G | |A | |D ||

(Hayp hayp   bumda hady hady hayp.)

Runaway

Words and Music by
Del Shannon and Max Crook

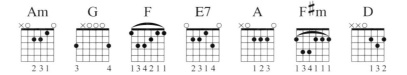

Verse

Am | **G** |
   As I walk along I wonder

G |**F**
What went wrong with our love,

|**F** |**E7** | |
A love that was so strong.

Am | |**G**
   And as I still walk on I think of

|**G** |**F** |
The things we've done to-gether

F |**E7** | ||
While our hearts were young.

Chorus

A
   I'm a-walkin' in the rain.

F♯m
    Tears are fallin' and I feel a pain,

A
 A-wishin' you were here by me

F♯m
   To end this misery.

   |A | |F♯m | |
And I wonder, wo-wo-wo-wo-wonder

A | |F♯m |
Why, why-why-why-why-why she ran a-way,

   |D | |E7 |
And I wonder where she will stay,

    |A |D |A |E7 ||
My little runaway, run-run-run-run-runaway.

Repeat Verse

Repeat Chorus

See You in September

Words by Sid Wayne
Music by Sherman Edwards

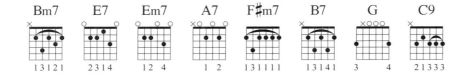

Intro

Bm7 |**E7** |
I'll be alone each and every night.

Bm7 |**E7** |
While you're away, don't for - get to write.

Em7 |**A7** |
Bye-bye, so long,   farewell.

Em7 |**A7** ||
Bye-bye, so long.

Chorus

Em7 |**A7**
See you

       |**F♯m7** |**B7** |
In Sep - tember,

Em7 |**A7**
See you

               |**F♯m7** |**B7**
When the summer's through.

       |**Em7** |
Here we are, (Bye, baby, goodbye.)

A7 |**F♯m7** |**B7**
Saying goodbye at the station, (Bye, baby, goodbye.)

           |**Em7** |**E7**
Summer va - cation (Bye baby.)

           |**Em7** |**A7**
Is taking you a - way. (Bye, baby, goodbye.)

Verse 1

    ‖ **Em7** |**A7**
Have a good time,
     |**F♯m7** |**B7**
But re - member
      |**Em7** |**A7**
There is danger
                  |**F♯m7** |**B7**
In the summer moon a - bove.
     |**G** |**C9**
Will I see you
      |**F♯m7** |**B7**
In Sep - tember
   |**Em7** |**A7**
Or lose you
        |**Bm7** |**E7** |
To a summer love? (Counting the days till I'll be with you.
Bm7 |**E7**   ‖
Counting the hours and the minutes, too.)

Bridge

Em7 |**A7** |
   (Bye, baby, goodbye.
Em7 |**A7** |
  Bye, baby, goodbye.)
Em7 |**A7** |
  Bye, baby, goodbye.
Em7 |**A7**
  Bye, baby, goodbye.

Verse 2

N.C. ‖**Em7** │**A7**
Have a good time,

│**F♯m7** │**B7**
But re - member

│**Em7** │**A7**
There is danger

│**F♯m7** │**B7**
In the summer moon a - bove.

│**G** │**C9**
Will I see you

│**F♯m7** │**B7**
In Sep - tember

│**Em7** │**A7**
Or lose you

│**Bm7** │**E7** │
To a summer love? (I'll be alone each and every night.

Bm7 │**E7** ‖
While you're away, don't for - get to write.)

Repeat and fade

‖:**Em** │**A7** │**F♯m7** │**B7** :‖
Outro See you in Sep - tember.

98

Silhouettes

Words and Music by
Frank C. Slay Jr. and Bob Crewe

G   Em   C   D   Cm

Intro

G   Em |C   D |G   Em |C   D ||

Verse 1

G   Em |C   D |G
Took a walk and passed your house late last night.

Em |C   D |G
All the shades were pulled and drawn way down tight.

Em |C   D |G
From with - in the dim light cast two silhouettes on the shade.

Em |C   D ||
Oh, what a lovely couple they made!

Verse 2

G   Em |C   D |G
Put his arms around your waist, held you tight.

Em |C   D |G
Kisses I could almost taste in the night.

Em |C   D |G
Wondered why I'm not the guy whose silhouette's on the shade.

Em |C   D ||
I couldn't hide the tears in my eyes.

Chorus 1

```
G                          Em                    |
Silhouttes (silhouttes), silhouttes (silhouttes),
C                 D        |
Silhouttes (silhouttes), ah oh.
G                          Em                    |
Silhouttes (silhouttes), silhouttes (silhouttes),
C                 D        ||
Silhouttes (silhouttes), ah oh.
```

Interlude

```
G              |C            |G            |D            ||
```

Verse 3

```
G        Em              |C   D |G
  Lost con - trol and rang your bell; I was sore.
        Em          |C   D      |G
"Let me in or else I'll beat down your door,"
          Em              |C      D         |G
When two strangers, who had been two silhouettes on the shade,
          Em        |C            D    ||
Said to my shock, "You're on the wrong block."
```

Verse 4

```
G          Em              |C   D |G
  Rushed down to your house with wings on my feet.
        Em        |C   D      |G
Loved you like I never loved you, my sweet.
          Em              |C    D          |G
Vowed that you and I would be two silhouettes on the shade,
        Em        |C            D    ||
All of our days, two silhouettes on the shade.
```

Chorus 2

G   Em
Silhouttes (silhouttes), silhouttes (silhouttes),

C   D
Silhouttes (silhouttes), ah oh.

G   Em
Silhouttes (silhouttes), silhouttes (silhouttes),

C   D
Silhouttes (silhouttes), ah oh.

G   Cm   G
Two silhouettes on the shade.

Stand by Me

Words and Music by
Jerry Leiber, Mike Stoller and Ben E. King

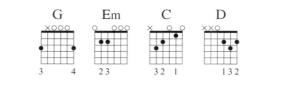

Intro   G | |Em | |C |D |G | |

Verse 1

               ‖**G** | |
When the night has come

Em |
    And the land is dark

              |**C** |**D**
And the moon is the on - ly

        |**G** |
Light we'll see,

          |**G** |
No, I won't be afraid,

        |**Em** |
Oh, I won't be a - fraid

           |**C** |**D**
Just as long as you stand,

        |**G**
Stand by me.

Chorus

‖**G** |
So darling, darling, stand by me,

|**Em** |
Oh, stand   by me.

|**C** |
Oh, stand,

D |**G** |
    Stand by me,   stand by me.

Verse 2

‖**G** | |
If the sky   that we look up - on

Em |
    Should tumble and fall

|**C**
Or the moun - tains

|**D** |**G** |
Should crumble to the sea,

|**G** |
I won't cry,   I won't cry,

|**Em** |
No, I won't   shed a tear

|**C** |**D**
Just as long   as you stand,

|**G** |
Stand by   me.

Repeat Chorus (2x)

Surf City

Words and Music by
Brian Wilson and Jan Berry

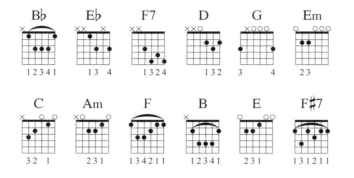

Intro

B♭ |**E♭** **F7** |**D** |

Two girls for ev - 'ry boy.

Verse 1

‖**G** |**Em** |

I bought a thirty-four wagon and we call it a woody.

G |

(Surf City, here we come!)

|**G** |**Em** |

You know it's not very cherry; it's an oldie but a goodie.

G |**Em**

(Surf City, here we come!)

|**C** |**Am** |

Well, it ain't got a back seat or a rear window,

F |**D** |

But it still gets me where I wanna go.

Chorus 1

‖**G** |
And we're goin' to Surf City 'cause it's two to one.

|**G** |
You know we're goin' to Surf City, gonna have some fun.

|**C** |
Yeah, we're goin' to Surf City 'cause it's two to one.

|**G** | |
You know we're goin' to Surf City, gonna have some fun,

B♭ |**E♭** **F7** |**D** |
Two girls for ev - 'ry boy.

Verse 2

‖**G** |**Em** |
They say they never roll the streets up 'cause there's always somethin' goin'.

G |
   (Surf City, here we come!)

|**G** |**Em** |
You know they're either out surfing or they got a party growing.

G |**Em**
   (Surf City, here we come!)

|**C** |**Am**
Well, there's two swinging honeys for every guy

|**F** |**D** |
And all you gotta do is just wink your eye.

Repeat Chorus 1

Verse 3

     ‖**G**   │**Em**   │
And if my woody breaks down on me some - where on the surf route,

G   │
 (Surf City, here we come!)

      │**G**   │**Em**   │
I'll strap my board to my back and hitch a ride in my wetsuit.

G   │**Em**
 (Surf City, here we come!)

      │**C**   │**Am**
And when I get to Surf City I'll be shooting the curl

 │**F**   │**D** │ │
And checking out the parties for a surfer girl.

Chorus 2

     ‖**G**   │
And we're goin' to Surf City 'cause it's two to one.

      │**G**   │
You know we're goin' to Surf City, gonna have some fun.

     │**C**   │
Yeah, we're goin' to Surf City 'cause it's two to one.

     │**G**   │   │
Yeah, we're goin' to Surf City, gonna have some fun.

B♭   │**E♭** **F7** │
Two girls for ev - 'ry,

B   │**E** **F♯7** │**B** │ ‖
Two girls for ev - 'ry boy.

      Repeat and fade

Outro   ‖: **B**   │   :‖
      (Ooh,   Ooh.)

Tears on My Pillow

Words and Music by
Sylvester Bradford and Al Lewis

C · Am · Dm7 · G · F · C7 · F♯ · D · Bm · Em7 · A

Intro

C   Am |Dm7 G |C   Am |Dm7 G ||

Verse 1

C   Am |
You don't re - member me,

Dm7   G |
But I re - member you.

C   Am |
'Twas not so long ago

Dm7   G |
You broke my heart in two.

Dm7   G |Dm7   G |
Tears on my pillow, pain in my heart

    |C   Am |F   G ||
'Caused by you.

Verse 2

```
    C              Am         |
      If we could start anew,
Dm7          G         |
      I wouldn't hesitate.
C              Am             |
      I'd gladly take you back
Dm7              G            |
      And tempt the hand of fate.
Dm7            G     |Dm7       G
      Tears on my pillow, pain in my heart
              |C      F    |C    C7    ||
'Caused by   you.
```

Bridge

```
F             |C         |
  Love is not a gadget,
F             |C       |
Love is not a toy.
F♯                    G
When you find the one you love
      |F♯                  G      ||
She'll fill your heart with joy.
```

Verse 3

```
D              Bm           |
  If we could start anew,
Em7          A        |
  I wouldn't hesitate.
D              Bm               |
  I'd gladly take you back
Em7                  A            |
  And tempt the hand of fate.
Em7              A     |Em7         A
  Tears on my pillow, pain in my heart
              |D     Bm    |G     A        ||
'Caused by  you.
```

Outro

```
D    Bm      |Em7   A
Oh,
    |D     Bm      |Em7   A
Oh,
    |D     Bm      |Em7   A        |D       ||
Oh.
```

Surfer Girl

Written by
Brian Wilson

Intro

| C | Em | | Am7 | Em7 | | F | Dm7 | | G | | |

Verse 1

C **Am7** | **F** **G** |
Little surfer, little one,

Cmaj7 **C7** | **F** **Fm** |
Made my heart come all un - done.

C **Am7** | **F** **G** | **C**
Do you love me, do you, surfer girl?

Am7 | **F** **G** ||
Surfer girl, my little surfer girl.

Verse 2

C **Am7** | **F** **G** |
I have watched you on the shore,

Cmaj7 **C7** | **F** **Fm** |
Standing by the ocean's roar.

C **Am7** | **F** **G** | **C**
Do you love me, do you surfer girl?

F | **C** **C7** ||
Surfer girl, surfer girl.

Chorus

```
     F         G  C           Am7   |
    We could ride   the surf to - gether
     F         G          |C    C7      |
    While our love would  grow.
     F    G    |C          Am7       |
     In my  woody  I would take you
    D           |G        ||
    Everywhere  I  go.
```

Verse 3

```
    C   Am7      |F     G      |
    So I say from me to you,
    Cmaj7 C7          |F            Fm      |
    I will   make your dreams come true.
    C        Am7  |F      G    |C
    Do you love me, do you, surfer girl?
             Am7    |F            G      ||
    Surfer girl, my little surfer girl.
```

Repeat and fade

Outro

```
||: C         Am7   |F          G       :||
    Girl, surfer girl, my little surfer girl.
```

111

Surfin' U.S.A.

Words and Music by Chuck Berry

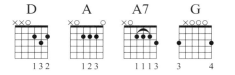

Verse 1

D **N.C.** |**A** |
If everybody had an ocean

A **N.C.** |**D** |
Across the U.S.A.,

D **N.C.** |**A7** |
Then everybody'd be surfin'

A7 **N.C.** |**D** |
Like Californ - I - A.

D **N.C.** |**G** |
You'd see them wearing their bag - gies,

G **N.C.** |**D** |
Huarachi sandals too.

D **N.C.** |**A** |
A bushy, bushy blonde hairdo,

G **N.C.** |**D** |
Surfin' U.S.A.

Verse 2

D   ‖**A** |
You'll catch 'em surfin' at Del Mar,

A |**D** |
Ventura County line,

D |**A7** |
Santa Cruz and Trestles,

A7 |**D** |
Australia's Narrabeen.

D |**G** |
All over Man - hattan

G |**D** |
And down Doheny way.

D |**A** |
Everybody's gone surfin',

G **N.C.** |**D** |
Surfin' U.S.A.

Verse 3

D **N.C.**   ‖**A** |
We'll all be planning out a route

A **N.C.** |**D** |
We're gonna take real soon.

D **N.C.** |**A7** |
We're waxing down our surfboards;

A7 **N.C.** |**D** |
We can't wait for June.

D **N.C.** |**G** |
We'll all be gone for the sum - mer;

G **N.C.** |**D** |
We're on safari to stay.

D **N.C.** |**A** |
Tell the teacher we're surfin',

G **N.C.** |**D** |
Surfin' U.S.A.

Verse 4

D   ‖A |
At Haggerty's and Swami's,

A |D |
Pacific Palisades,

D |A7 |
San Onofre and Sunset,

A7 |D |
Redondo Beach, L.A.

D |G |
All over La Jolla,

G |D |
At Waimea Bay.

D |A |
Everybody's gone surfin',

G **N.C.** |D | ‖
Surfin' U.S.A.

Interlude   A | |D | |A | | |

                     D | |G | |D |

Outro

D   ‖**A** |
Everybody's gone surfin',

G **N.C.** |**D** |
Surfin' U.S.A.

D **N.C.** |**A** |
Everybody's gone surfin',

G **N.C.** |**D** |
Surfin' U.S.A.

D **N.C.** |**A** |
Everybody's gone surfin',

G **N.C.** |**D** |
Surfin' U.S.A.

D **N.C.** |**A** |
Yeah, everybody's gone surfin',

G **N.C.** |**D** |
Surfin' U.S.A.

D **N.C.** |**A** |
Yeah, everybody's gone surfin',

G **N.C.** |**D** | ‖
Surfin' U.S.A.

Tell Her
(Tell Him)

Words and Music by
Bert Russell

Verse 1

Dm |A7 |Dm
I know something about love, you gotta want it bad.

                     |A7 |
If that guy's got into your blood, go out and get him.

D |G |D
If you want him to be   the very part of you,

                  |A7 ||
Makes you want to breathe,   here's the thing to do:

Chorus

D |
Tell him that you're never gonna leave him.

G |
Tell him that you're always gonna love him.

D   A7 |Dm ||
Tell him, tell him, tell him, tell him right now.

Verse 2

Dm |A7 |
I   know something about love, you gotta show it

Dm |A7 |
And make him see the moon up a-bove, reach out and get it.

D |G |D
If you want him,   makes your heart sing out,

             |A7 ||
If you want him to   only think of you:

Repeat Chorus

Bridge

    ‖**D** |**Bm**
Ever since the world began,   it's been that way for man.

    |**G** |**A7** |**D** |
And women were cre-ated to make love their destiny.

G |**E7** |**A7**
  Then why should true love be so compli-cated?

                   ‖
Oh yeah, uh-huh!

Verse 3

Dm |**A7** |
  I know something about love, gotta take it

Dm |**A7** |
And show him what the world's made of, one kiss will prove it.

D |**G** |**D**
  If you want him to be always by your side,

                |**A7**   ‖
Take his hand tonight, swallow your foolish pride.

Outro-Chorus

D |
Tell him that you're never gonna leave him.

G |
Tell him that you're always gonna love him.

D   **A7** |**D** |
Tell him, tell him, tell him, tell him right now.

D |
Tell him that you're never gonna leave him.

G |
Tell him that you're always gonna love him.

D   **A7** |**D**   ‖
Tell him, tell him, tell him, tell him right now.

That'll Be the Day

Words and Music by
Jerry Allison, Norman Petty and Buddy Holly

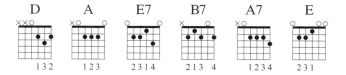

Chorus

‖**D** |
Well, that'll be the day, when you say goodbye.

|**A** |
Yes, that'll be the day, when you make me cry.

|**D** |
You say you're gonna leave, you know it's a lie,

|**A**   **N.C.** |**E7**   **A**
'Cause that'll be the day   when I die.

Verse 1

‖**D** |**A**
Well, you give me all your loving and your turtle doving,

|**D** |**A**
All your hugs and kisses and your money too.

|**D** |**A** |
Well, you know you love me, baby, still you tell me maybe

B7 |**E7**
That somebody, well, I'll be blue.

Repeat Chorus

Interlude   **A** | | |**A7** |**D** | |

               A | |**E** |**D** |**A** | **E7**

Repeat Chorus

Verse 2

‖**D** |**A** |

Well, when Cupid shot his dart, he shot it at your heart.

D |**A** |

So if we ever part, then I'll leave you.

D |**A** |

You sit and hold me and you tell me boldly

B7 |**E7**

That some day, well, I'll be through.

Repeat Chorus

Outro

‖**D** |

Well, that'll be the day, hoo-hoo.

|**A** |

That - 'll be the day, hoo-hoo.

|**D** |

That - 'll be the day, hoo-hoo.

|**A** | ‖

That - 'll be the day.

This Magic Moment

Words and Music by
Doc Pomus and Mort Shuman

C   Am   F   G

Intro

| C | | | Am | | | |

| F | | | G | | |

Verse 1

N.C. || C |
This magic moment,
| Am | | F |
So different and so new, was like any other
| G | |
Until I kissed you.
N.C. | C |
And then it happened;
| Am | | F |
It took me by surprise. I knew that you felt it too
| G | | N.C.
By the look in your eyes.

Bridge

|| Am |
Sweeter than wine,
| F |
Softer than the summer night.
F G | C |
Everything I want I have
| G |
Whenever I hold you tight.

Verse 2

N.C. ‖C

This magic moment,

    |Am |F

While your lips are close to mine, will last for - ever,

   |G |C

For - ever, till the end of time.

 Am

(Magic,

F

Magic,

G   N.C. ‖

Magic.)

Interlude C |Am

        F |G

Repeat Bridge

Verse 3

N.C. ‖C

This magic moment,

   |Am |F

While your lips are close to mine, will last for - ever,

  |G |C

For - ever, till the end of time.

Am

(Magic,

F

Magic,

G |C ‖

Magic.)

The Twist

Words and Music by
Hank Ballard

A   G   D

Intro   **A** |**G** |**D** |

Verse 1

              ||**D** |
Come on, ba - by,

           |**D** |
Let's do the twist.

           |**G** |
Come on, ba - by,

           |**D** |
Let's do the twist.

                    |**A** |
Take me by my little hand

G N.C. |**D** |
        And go like this.

Chorus 1

D || |
Ee ah, twist,

D | |
Baby, baby, twist.

D |**G** |
Ooh yeah,

         |**D** |
Just like this.

             |**A** |
Come on little miss,

G N.C. |**D** |
        And do the twist.

Verse 2

‖ **D** |
My daddy is sleep - ing

|**D** |
And Mama ain't around.　　yeah,

|**G** |
Daddy's just sleep - ing

|**D** |
And mama ain't around.

|**A** |
We're gonna twist and twist and twist it

G N.C.　　|**D** |
　Till we tear the house down.

Chorus 2

D　　‖ |
Come on and twist,

D　|　|
Yeah, baby, twist.

D　|**G**　|
Ooh　yeah,

|**D**　|
Just like this.

|**A**　|
Come on little miss,

G N.C.　|**D** | ‖
　And do the twist. Ee ah.

Interlude

D　|　|　|　|**G**　|　|

D　|　|**A**　|**G**　|**D**　|
　　　　　　　　　　　　Yeah,

123

Verse 3

```
        ‖D      |
You  should  see
            |D      |
My  little  sis.
              |G        |
You  should  see    my,
            |D        |
My  little  sis.
                      |A      |
She  really  knows  how  to  rock,
G  N.C.            |D        |
   She  knows  how  to  twist.
```

Repeat Chorus 2

Outro

```
D                          |            |
('Round  and  around  and  a - round and  around.
D                          |            |
'Round  and  around  and  a - round and  around.
G                          |            |
'Round  and  around  and  a - round and  around.
D                          |            |
'Round  and  around  and  a - round and  around.)
A      |G  N.C.        |
Twist.
D                          |        ‖
('Round  and  around  and  a - round.)
```

Up on the Roof

Words and Music by
Gerry Goffin and Carol King

G   Em   C   Am7   C/D   C6   Cmaj7   D

Intro

| G |

Verse 1

‖ G | Em
When this old world starts getting me down
| C | Am7   C/D | G |
And people are just too much for me to face,
| G | Em
I climb way up to the top of the stairs
| C | Am7   C/D | G | ‖
And all my cares just drift right into space.

Chorus 1

C | C6 | Cmaj7 | C
On the roof it's peaceful as can be,
| G | Em | C |
And there the world be - low can't bother me.
D N.C.
    Let me tell you now...

Verse 2

```
  ‖G                      |Em
When I come home feeling tired and beat,
 |C                 |Am7  C/D    |G                          |
I go up where the air is fresh and sweet. (Up on the roof.)
 |G                      |Em
I get away from the hustling crowds
  |C                 |Am7  C/D     |G              |           ‖
And all that rat race noise down in the street. (Up on the roof.)
```

Chorus 2

```
C                 |C6         |Cmaj7      |C
On the roof's the only place I      know
       |G              |Em             |C
Where you just have to wish to make it so.
      |D   N.C.       |G                 |         ‖
Let's go! Up on the roof. (Up on the roof.)
```

Interlude

```
G           |Em           |C             |Am7  C/D  |G              |
```

Chorus 3

```
    ‖C                |C6           |Cmaj7      |C
At night the stars put on a show for free,
   |G              |Em            |C         |
And, darling, you can share it all with me.
D   N.C.                   ‖
    I keep a-telling you...
```

Verse 3

G |Em
Right smack dab in the middle of town
 |C |Am7   C/D |G |
I found a para - dise that's trouble-proof. (Up on the roof.)
   |G |Em
And if this world starts getting you down,
    |C |Am7   C/D |G |
There's room enough for two up on the roof. (Up on the roof.)

Outro

          ||Em |
Up on the roof. (Up on the roof.)
              |G |
Oh, come on ba - by. (Up on the roof.)
               |Em |
Oh, come on hon - ey. (Up on the roof.)
Em |G | ||
Everything's al - right. (Up on the roof.)

Twist and Shout

Words and Music by
Bert Russell and Phil Medley

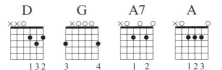

Chorus

|D   G |A7

Well, shake it up, ba - by, now, (Shake it up, ba - by.)

|D   G |A7

Twist and shout. (Twist and shout.)

                      |D   G |A7

Come on, come on, come on, come on, baby, now, (Come on, ba - by.)

                |D G |A7

Come on and work it on out. (Work it on out.)

Verse 1

              ||D G |A7

Well, work it on out. (Work it on out.)

         |D   G |A7

You know you look so good. (Look so good.)

         |D   G |A7

You know you got me goin', now, (Got me goin'.)

          |D   G |A7

Just like I knew you would. (Like I knew you would, oo.)

Repeat Chorus

Verse 2
‖**D G** |**A7**
You know you twist, little girl,   (Twist little girl.)

|**D   G** |**A7**
You know you twist so fine. (Twist so fine.)

|**D   G** |**A7**
Come on and twist a little closer, now, (Twist a little closer.)

|**D   G** |**A7**   ‖
And let me know that you're mine. (Let me know you're mine,   oo.)

Interlude
A | | |**A7** | |
Ah, ah, ah, ah, wow!

Repeat Chorus

Repeat Verse 2

Outro
‖**D   G** |**A7**
Well, shake it, shake it, shake it, baby, now. (Shake it up, ba - by.)

|**D   G** |**A7**
Well, shake it, shake it, shake it, baby, now. (Shake it up, ba - by.)

|**D   G** |**A7** |
Well, shake it, shake it, shake it, baby, now. (Shake it up, ba - by.)

A | | |**A7** |**D**   ‖
Ah, ah, ah, ah.

Under the Boardwalk

Words and Music by
Artie Resnick and Kenny Young

G	D	C	Em

Intro
    G | | |

Verse 1

‖G
Oh, when the sun beats down

  |G |D |
And burns the tar up on the roof,

  |D
And your shoes get so hot

  |D |G |
You wish your tired feet were fire - proof,

Chorus

G   ‖C |
  Under the board - walk,

    |G |
Down by the sea,   yeah,

 |G |D
On a blanket with my baby's

  |G |
Where I'll be.

Bridge

|| **Em** |
(Under the boardwalk.) Out of the sun,

| **D** |
(Under the boardwalk.) We'll be having some fun.

| **Em** |
(Under the boardwalk.) People walking above.

| **D** |
(Under the boardwalk.) We'll be falling love

| **Em**   **N.C. Em** |
Under the boardwalk,   board - walk.

Verse 2

|| **G**
In the park you'll hear

| **G** | **D** |
The happy sound of a carousel.

| **D**
You can almost taste

| **D** | **G** |
The hot dogs and French fries   they sell.

Repeat Chorus

Repeat Bridge

Interlude   **G** | | **D** | |

                      D | | **G**

Repeat Chorus

Repeat Bridge

Walk Like a Man

Words and Music by
Bob Crewe and Bob Gaudio

A   D   D/A   E   Bm7   G   F♯m   Em

Intro

A   D | A   D |

A   D | A   D |
Ooh.

A   D | A   D |
(Walk,   walk,   walk,   walk.)

A   D | A   D |
Ooh,

A | D/A   A | E ||
Walk   like a man.

Verse 1

A   Bm7
Oh, how you tried

|A   Bm7 |
To cut me down to size,

A   Bm7 |A   Bm7
Telling dirty lies to my friends.

|A   Bm7 |
But my own father said,

A   Bm7
"Give her up, don't bother;

|A   Bm7 |A
The world isn't coming to an end."

Chorus 1

```
           N.C.    ‖D              G      |
He said, "Walk  like  a  man,
           D           G         |
Talk  like  a  man,
           D           F♯m    |Em      A        |
Walk  like  a  man,  my  son.
           D           G         |
No  woman's  worth
           D                   G
Crawling  on  the  earth,
            |D              F♯m     |G       E        ‖
So  walk  like  a  man,  my  son."
```

Interlude

```
           A       D      |A       D          |
Ooh.
           A       D      |A       D          |
(Walk,    walk,     walk,    walk.)
           A       D      |A       D          |
Ooh.
           A              |E                   ‖
Ooh.
```

Verse 2

```
           A       Bm7
Bye-yi,  baby,
            |A           Bm7      |
I  don't  mean  maybe;
           A           Bm7        |A       Bm7      |
Gonna  get  a - long  some - how.
           A               Bm7
Soon  you'll  be  crying
               |A                   Bm7
On  ac - count  of  all  your  lying.
               |A           Bm7            |A
Oh,  yeah,  just  look  who's  laughing  now.
```

Chorus 2

N.C.   ‖D   G |
I'm gonna walk like a man,

D   G |
Fast as I can,

D   F♯m |Em   A |
Walk like a man from you.

D   G
I'll tell the world

  |D   G
For - get about it, girl,

  |D   F♯m |G   E   ‖
And walk like a man from you.

Outro

A   D |A   D |
Ooh.

A   D |A   D |
(Walk, walk,   walk, walk.)

A   D |A   D |
Ooh. (Walk,   walk, walk.

A   D |A   D |
Walk, walk,   walk, walk.)

A   D |A   D |
Ooh. (Walk,   walk, walk.

A   D |A   D |A   ‖
Walk, walk,   walk, walk.)

The Wanderer

Words and Music by
Ernst Maresca

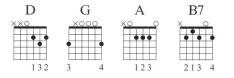

Intro   D | | |

Verse 1
‖ **D** |
Oh, well, I'm the type of guy who will never settle down.
| **D** |
Where pretty girls are, well, you know that I'm around.
| **G** |
I kiss 'em and I love 'em 'cause to me they're all the same.
| **D** |
I hug 'em and I squeeze 'em; they don't even know my name.
                              | **A**
They call me the wanderer,
            | **G**
Yeah, the wanderer.
            | **D** | **A**
I roam a - round, around, around, around.

Verse 2

      ‖ **D** |
Oh, well, there's Flo on my left and there's Mary on my right,

   | **D** |
And Janie is the girl, well, that I'll be with tonight.

   | **G** |
And when she asks me which one I love the best,

  | **D** |
I tear open my shirt and I show a Rosie on my chest.

      | **A**
'Cause I'm a wanderer,

    | **G**
Yeah, a wanderer.

    | **D** |
I roam a - round, around, around, around.

Bridge

    ‖ **A** |
Oh, well, I roam from town to town;

   | **A** |
I go through life without a care.

   | **A** |
And I'm as happy as a clown

  | **B7** **N.C.** |
With my two fists of iron, but I'm going nowhere.

Verse 3

```
       A      ‖D                       |
```
Oh, yeah, I'm the type of guy that likes to roam around.
```
    |D                 |
```
I'm never in one place; I roam from town to town.
```
    |G                |
```
And when I find myself falling for some girl,
```
       |D                           |
```
Yeah, I hop right into that car of mine, I drive around the world.
```
            |A
```
Yeah, I'm a wanderer,
```
       |G
```
Yeah, a wanderer.
```
       |D                        | A        ‖
```
I roam a - round, around, around, around.

Interlude

```
D         |          |          |      |G          |          |
```

```
D         |       |A     |G     |D     | A
```

Repeat Verse 3

```
             |A
```
'Cause I'm a wanderer,
```
       |G
```
Yeah, a wanderer.
```
       |D                    |                  ‖
```
I roam a - round, around, around, around, a - round, around, around.

Will You Love Me Tomorrow

(Will You Still Love Me Tomorrow)

Words and Music by
Gerry Goffin and Carol King

C   F   G   E   Am   Em   Am/D   D7

Intro

C | | | ||

Verse 1

C | |F |G |
Tonight you're mine,   complete - ly;
C | |G |
You give your love   so sweetly.
|E |
Tonight   the light
|Am | |
Of love is in your eyes,
F |G |C | ||
But will you love me to - morrow?

Verse 2

C |F |G |
Is this a lasting treasure
C | |G |
Or just a moment's pleasure?
|E |
Can I   believe
|Am | |
The magic of your sighs?
F |G |C | ||
Will you love me to - morrow?

Bridge

```
F                  |Em        |      |
   Tonight with words un-spoken,
F                  |C         |      |
   You say that I'm the only one.
F              |Em        |
   But will my heart be broken.
        |N.C. Am/D      |N.C. D7 |F      |G      ||
When the night    meets the morn - ing sun?
```

Verse 3

```
C                      |F    |G    |
   I'd like to know that your love
C           |    |G        |
   Is a love I can be sure of.
   |E           |
So tell me now
   |Am            |            |
And I won't ask again.
F         |G        |C      |        ||
   Will you still love me to - morrow?
```

Interlude

```
C           |           |F       |G        |

C           |           |G       |
```

Outro

‖**E** |
So tell me now

|**Am** | |
And I won't ask again.

F |**G** |**C** | |
Will you still love me to - morrow?

F |**G** |**C** | |
Will you still love me to - morrow?

F |**G** |**C** | ‖
Will you still love me to - morrow?